EXPLICANDO
La unción y la llenura del Espíritu Santo

DAVID PAWSON

ANCHOR RECORDINGS

Copyright © 2017 David Pawson

El derecho de David Pawson a ser identificado como el autor de esta obra ha sido afirmado por él de acuerdo con la
Ley de Copyright, Diseños y Patentes de 1988.

Traducido por Alejandro Field

Esta traducción internacional español se publica por primera vez
en Gran Bretaña en 2017 por
Anchor Recordings Ltd
DPTT, Synegis House, 21 Crockhamwell Road,
Woodley, Reading RG5 3LE

Ninguna parte de esta publicación podrá ser reproducida o transmitida
de ninguna forma o por ningún medio, electrónico o mecánico,
incluyendo fotocopia, grabación o ningún sistema de almacenamiento
o recuperación de información, sin el permiso previo
por escrito del editor.

**Si desea más de las enseñanzas de David Pawson,
incluyendo DVD y CD, vaya a
www.davidpawson.com**

**PARA DESCARGAS GRATUITAS
www.davidpawson.org**

**Si desea más información, envíe un e-mail a
info@davidpawsonministry.com**

ISBN 978-1-911173-57-1

Este libro está basado en una charla. Al tener su origen en la palabra hablada, muchos lectores encontrarán que su estilo es algo diferente de mi estilo habitual de escritura. Es de esperar que esto no afecte la sustancia de la enseñanza bíblica que se encuentra aquí.

Como siempre, pido al lector que compare todo lo que digo o escribo con lo que está escrito en la Biblia y, si encuentra en cualquier punto un conflicto, que siempre confíe en la clara enseñanza de las escrituras.

David Pawson

EXPLICANDO
La unción y la llenura del Espíritu Santo

Veamos tres lecturas de la Palabra de Dios. Primero, de Juan 1:

> Al día siguiente Juan vio a Jesús que se acercaba a él, y dijo: "¡Aquí tienen al Cordero de Dios, que quita el pecado del mundo! De este hablaba yo cuando dije: 'Después de mí viene un hombre que es superior a mí, porque existía antes que yo'. Yo ni siquiera lo conocía, pero, para que él se revelara al pueblo de Israel, vine bautizando con agua". Juan declaró: "Vi al Espíritu descender del cielo como una paloma y permanecer sobre él. Yo mismo no lo conocía, pero el que me envió a bautizar con agua me dijo: 'Aquel sobre quien veas que el Espíritu desciende y permanece es el que bautiza con el Espíritu Santo'. Yo lo he visto y por eso testifico que este es el Hijo de Dios". (Juan 1:29-34)

Usted necesita dos cosas: que sus pecados sean quitados por el Cordero de Dios y ser bautizado en el Espíritu Santo. Ambas son necesarias para ser un cristiano pleno. Vayamos ahora a Hechos 19.

Mientras Apolos estaba en Corinto, Pablo recorrió las regiones del interior y llegó a Éfeso. Allí encontró a algunos discípulos.

—¿Recibieron ustedes el Espíritu Santo cuando creyeron? —les preguntó.

—No, ni siquiera hemos oído hablar del Espíritu Santo—respondieron.

—Entonces, ¿qué bautismo recibieron?

—El bautismo de Juan.

Pablo les explicó:

—El bautismo de Juan no era más que un bautismo de arrepentimiento. Él le decía al pueblo que creyera en el que venía después de él, es decir, en Jesús. Al oír esto, fueron bautizados en el nombre del Señor Jesús. Cuando Pablo les impuso las manos, el Espíritu Santo vino sobre ellos, y empezaron a hablar en lenguas y a profetizar. Eran en total unos doce hombres. (Hechos 19:1-7)

¿Notó que no alcanzaba con creer? Necesitaban recibir al Espíritu Santo.

Finalmente, de la pequeña carta a Tito:

En otro tiempo también nosotros éramos necios y desobedientes. Estábamos descarriados y éramos esclavos de todo género de pasiones y placeres. Vivíamos en la malicia y en la envidia. Éramos detestables y nos odiábamos unos a otros. Pero, cuando se manifestaron la bondad y el amor de Dios nuestro Salvador, él nos salvó, no por nuestras propias obras de justicia, sino por su misericordia. Nos salvó mediante el lavamiento de la regeneración y de la renovación por el Espíritu Santo, el cual fue derramado abundantemente sobre nosotros por medio de Jesucristo nuestro Salvador. Así lo hizo para que, justificados por su gracia, llegáramos a ser herederos que abrigan la esperanza de recibir la vida eterna. Este mensaje es digno de confianza, y quiero que lo recalques, para que los que han creído en Dios se empeñen en hacer buenas obras. Esto es excelente y provechoso para todos. (Tito 3:3-8)

Nuevamente, hay una combinación de dos cosas: perdón y recepción del Espíritu Santo. Éste es mi tema.

No sé si sabrá que, en la Biblia, en el Nuevo Testamento, hay dos bautistas. ¿Sabía que los bautistas ya aparecen en la Biblia? Ha oído de uno, Juan el Bautista, pero me pregunto si escuchó del otro. Era su primo, Jesús el bautista. Ambos reciben el mismo título. Tanto Juan como su primo Jesús son llamados "el bautista" en el Nuevo Testamento. Juan se convirtió en bautista unos cuatro años antes que su primo Jesús. En realidad, la palabra no es un sustantivo, sino literalmente "Juan el bautizador" y "Jesús el bautizador". El Nuevo Testamento nunca habla acerca de *el* bautismo del Espíritu, sino habla de *ser bautizado*, siempre en forma verbal. El verbo es algo dinámico, algo en movimiento. Un sustantivo es algo estático y fijo. De modo que Juan fue el bautizador y Jesús también fue llamado bautizador. Era un apodo, no un nombre. No era un apodo acerca de lo que *era* cualquiera de ellos, sino acerca de lo que ambos *hacían*. Por eso es un verbo.

¿Qué significa la palabra "bautizar"?

La primera cosa que quiero enseñarle es lo que significa la palabra *bautizar*. Nunca se la traduce al inglés-español. La Biblia simplemente tiene la palabra griega transliterada, lo que significa que no está traducida, sino deletreada con letras del inglés-español. ¿Sabía que el contrato de un editor de la Biblia en Inglaterra no permitía traducir la palabra griega "bautizar"? Solo se la podía escribir en su forma griega. Es como la palabra francesa "chef", que significa 'jefe de cocina', y que usamos con las mismas letras en español.

¿Qué significa, entonces, la palabra griega *bautizar*? En términos muy sencillos, significa introducir un sólido en un líquido, algo que hacemos todos los días. Cuando nos bañamos, estamos introduciendo un sólido en un líquido. En el idioma griego, usan esta palabra para varias cosas. Un barco que se hunde en el mar se dice que ha sido bautizado; un sólido ha sido puesto en un líquido. Cuando nosotros escuchamos que se va a bautizar un barco, pensamos en la reina rompiendo una botella de champán en la proa, pronunciando la frase: "Dios bendiga a todos los que navegan en este barco". Pero los griegos solo usan la palabra cuando el barco se hunde. ¿Recuerdo cuando el Coronia se hundió en el golfo de Vizcaya unos años atrás? Los titulares de los periódicos griegos decían: "Coronia bautizado", hundido. Usan la palabra cuando tiñen lana en una tintura de color. Uno tiene que asegurarse de cada parte de la lana se sumerja en la tintura. Uno bautiza la lana para que tenga otro color. Se usa la palabra cuando hay una fiesta. Si hay un gran tazón con ponche de frutas o algo más fuerte. Cuando se le da a cada persona una taza, y la persona la mete en el tazón y la saca llena, se dice que la persona bautiza la taza.
    Si va a una iglesia ortodoxa griega, aún hoy, encontrará que, donde bautizan a los bebés, lo meten tres veces completamente bajo el agua. Tienen que tener una pila bautismal del tamaño suficiente. Si va a algunas viejas iglesias parroquiales en Inglaterra, verá una pila grande, ¡tan grande como para bautizar al bebé! Un sólido es metido completamente en un líquido. Una iglesia griega jamás podría mojar la frente y llamarlo bautismo, porque la palabra significa 'inmersión'. Significa estar 'empapado', saturado de punta a punta. Es una palabra maravillosa. Por eso se lo llamó a Juan "el bautizador". Era un apodo, y significa Juan el Bañador, Juan el Zambullidor, o Juan el Sumergidor. ¡Es lo que significa la palabra! Era simplemente para defender

la práctica de humedecer la frente que no se podía traducir la palabra al inglés. En algunos idiomas la palabra es traducida a algo como sumergir, zambullir, hundir, empapar o saturar un sólido dentro de un líquido.

Ya hemos visto esa palabra. Se nos dice que Juan el Bautista hacía esto en cierto lugar del río Jordán. Cuando una va a ver el Jordán queda impresionado. Es lo que llamaríamos un arroyo, un riacho, y un río sucio. Uno piensa, ¿de qué forma imaginable podría Juan el Bautista, Juan el Sumergidor, usar esto? Pero en cierta parte del río hay una especie de estanque. Como sabrá, los ríos a veces corren más lentamente y forman estanques. Se nos dice en Juan 3 (usted conoce el versículo 16, pero me pregunto si conocerá este versículo en el capítulo 3) que Juan estaba bautizando en Enón, cerca de Salín, porque allí había mucha agua. Nada podría ser más claro.

En Hechos 8, el eunuco etíope, cuando fue bautizado, dijo a Felipe: "Mire usted, aquí hay agua. ¿Qué impide que yo sea bautizado?". Y dice que *ambos bajaron al agua*. Está muy claro que bautizar significa una cosa, y una sola cosa: meterse en un líquido, empapado, saturado, cubierto completamente.

Juan sumergía en agua porque tenía que cumplir una tarea especial. Se le había dicho que el rey venía, que el reino estaba muy cerca. Los judíos habían estado esperando cuatrocientos años y más para esto. Por cierto, mil años, porque mil años antes se les había prometido a los judíos un rey, el hijo de David, que traería el reino a Israel. Habían esperado mil años, pero cuatrocientos años antes Dios había dejado de hablarles, y cada generación decía a sus hijos que un día vendría el rey, y que antes que viniera habría un profeta que les diría que estaba en camino. Habiendo esperado tanto, no es de extrañar que, cuando vino el profeta Juan el Bautizador, toda la nación salió a verlo. Aquí había un hombre de Dios que decía que venía el rey, que venía el reino. Tenían que poner sus cosas en orden.

Si uno supiera que su Majestad, la Reina de Inglaterra, viniera a visitar su casa, ¿qué haría? Le garantizo que lo primero que harían las esposas serían decir a sus esposos que sacaran la aspiradora, para limpiar el lugar, ya que vendría la realeza. Si la Reina viniera a un culto de su iglesia, tendría todo de punta en blanco. Sacaría la alfombra roja, ¿no es cierto? El mensaje de Juan era que venía el rey; había que poner las cosas en orden. Pero no dijo que ordenaran sus casas, sino que pusieran en orden el interior de ellos. El rey venía, e iba a poner las cosas en orden cuando llegara. Era mejor que las personas hicieran limpieza ahora y no que él dijera: "Miren sus vidas sucias".

El bautismo es un sacramento
Así que Juan *bautizaba para limpiar a las personas*, y las bautizaba en ese río sucio. Uno piensa, cuando lo ve, ¿cómo podrían las personas ser limpiadas en eso? Pero era lo que llamamos un sacramento. La Biblia no lo llama así. Lo llamo así porque un sacramento es un suceso físico con un efecto espiritual. El bautismo es un sacramento. Hace algo a la persona que no es físico. Como escribió Pedro en su carta, somos bautizados no para limpiar nuestros cuerpos sino para tener una *conciencia limpia*. Esto es lo que hace el bautismo para usted. Le da una conciencia limpia, y uno solo puede conseguir una conciencia limpia si ha tratado con la suciedad primero. Por eso Juan el Bautista decía que había condiciones para ser bautizados en agua. La primera es que uno confiese que está sucio, que diga que necesita ser limpiado, y que mencione por nombre las cosas que han ensuciado su vida. La confesión nunca es general en las escrituras. Nunca es: "Tengo que haber pecado porque todos lo hacen". Esa clase de confesión no sirve de nada.

La confesión es: "He hecho esto . . . he pensado eso . . . he sentido lo otro". Es nombrar pecados. Juan enseñaba que la primera cosa que debían hacer era confesar sus pecados antes de que él bautizara a la persona. Uno debe reconocer que está sucio. No tiene sentido bañarse hasta que lo haya admitido.

Segundo, dijo que *debían arrepentirse, que significa corregir lo que se pueda corregir*. Podría significar poner fin a relaciones erróneas. Los fariseos venían y querían ser bautizados. Juan les dijo: "¡Ustedes! ¿Ustedes quieren ser bautizado? Ni siquiera está confesando sus pecados". Dijo: "Produzcan frutos dignos de arrepentimiento". Cuando preguntaron qué significaba eso, les dijo: si tienen demasiada ropa, regalen alguna; si están falsificando los libros contables, arreglen sus finanzas. Es muy práctico el arrepentimiento, ¿no es cierto? Es algo que uno *hace*, no algo por lo que uno derrama lágrimas, que es pena o aun remordimiento. El arrepentimiento es *corregir* lo que puede corregirse.

Así que debían confesar lo que estaba mal, corregir lo que podía corregirse, y entonces estaban listos para un "baño", para tener una conciencia limpia. Estaban listos para el perdón de pecados. Uno no está listo para el perdón de pecados hasta que se haya arrepentido y haya confesado. Entonces, el agua funcionaba. El bautismo no siempre funciona. Se necesitan ciertas condiciones para que sea un *sacramento*. Juan prometía: "Ustedes se arrepienten, confiesan, y cuando yo los sumerja en esta agua, Dios la usará para limpiar el interior de ustedes, y saldrán de esa agua con una conciencia limpia.

El bautismo trata los pecados pasados

He tenido muchas ocasiones en las que alguien que he bautizado ha hecho precisamente eso, y sale del agua limpio. De hecho, bauticé a Cliff Richard, y escribió en su autobiografía más tarde: "David Pawson me lavó, me enjuagó y me puso a secar". Dijo: "Nunca me sentí tan limpio en toda mi vida". Para eso es el bautismo. Es un baño para personas sucias, y un entierro para personas muertas, para personas cuya vida vieja ha terminado. Personas que se han vuelto de un estilo de vida que habían estado viviendo, y que ahora están dejando atrás. Un estilo de vida que está muerto y ya no está más. Tenemos, entonces un entierro. Cuando combinamos un baño con un entierro, tenemos un bautismo. Ése era Juan. Pero él sabía perfectamente bien que su bautismo no era una cura permanente. Él podía limpiar a las personas, pero no podía mantenerlas limpias. Podía tratar con el pasado de ellas, pero no con su futuro. El problema es que, si uno tiene la conciencia limpia y ha limpiado su estilo de vida, ¿cómo lo podrá mantener? ¿No se volverá a ensuciar? La respuesta es: sí. El bautismo trata solo con su pasado, y limpia su pasado. No limpia su futuro. Juan lo reconoció. Él podía preparar a las personas para que viniera el Rey de Justicia, limpiarlas de su pasado, pero ¿cómo uno puede mantenerla limpias?

Uno tiene que ser bautizado en el Espíritu Santo para mantenerse limpio
Juan dijo: "Necesitan otro bautismo, de otra persona". Decía constantemente a todos los que bautizaba en agua que necesitarían dos bautismos, y que venía un hombre después de él que podía darles el otro bautismo que necesitarían para mantenerse limpios, que limpiaría su futuro, además de su pasado. Uno necesita ser bautizado en Espíritu *Santo*. O, si prefiere, Espíritu *Limpio*. Tal vez use un espíritu para lavar en seco su ropa. Bueno, necesitará Espíritu Santo si quiere mantenerse limpio, porque no lo logrará solo; de eso puede estar seguro. Tratar con su pasado es solo la mitad del camino, y por sí solo no le impedirá pecar.

Recuerdo la primera vez que pequé después de ser bautizado en agua. Estaba muy desilusionado. Pensé: "Iba a vivir una vida limpia, y no funcionó". No me daba cuenta entonces de que el bautismo en agua trata solo con el pasado. Es lo que limpia.

Comience la vida cristiana con un buen baño y siéntase limpio. Es la razón por la que Jesús nos dice que lo hagamos. No estaba pensando: "¿Qué puedo hacer como una prueba para el discipulado? ¡Ya sé! Veré si están dispuestos a empaparse frente a un montón de personas". No se trata de eso. Demasiadas personas piensan que es solo un testimonio ante otras personas. No es nada de eso. Es comenzar la vida limpios, y Dios usará esa agua. Por eso Ananías dijo a Pablo: "¿Qué esperas? Levántate y sé bautizado, y haz que tus pecados sean lavados". Creo que el bautismo funciona. Limpia el interior de las personas. Es para eso, para darles un nuevo comienzo en la vida cristiana. Pero no las mantendrá limpias. Uno necesita otro bautismo para esto. Juan dijo que él no podría hacerlo por ellas, ¡pero que él lo hará!

La primera vez que lo dijo no sabía quién sería esa persona. Fue un impacto para él cuando su primo Jesús le dijo: "Bautízame". Porque todos ya sabían que Jesús estaba viviendo una vida completamente limpia. Juan dijo que Jesús debía bautizarlo a él, lo cual mostró que Juan, aunque había bautizado a cientos otros, no había sido bautizado él mismo. Dijo que Jesús debía estar bautizándolo a él, pero Jesús dijo: "No. Está bien hacer lo que está bien". Y todo cristiano que pone como excusa: "No necesito ser bautizado en agua", debe enfrentar el hecho de que a Jesús le pareció necesario hacerlo para sí mismo, no para ser limpiado, sino para obedecer a Dios. Eso deja a todas las demás personas sin excusa, ¿no es cierto?

En el nacimiento cristiano normal, (como lo expliqué en mi libro con ese mismo título), en el Nuevo Testamento, el bautismo en agua por lo general antecede el bautismo en el Espíritu. Dios puede hacer excepciones, pero ésa es la regla general.

Pero avancemos. Juan supo primero que el rey venía, pero no creo que supiera quién era. Y sabía que otra persona sería una bautizadora, aunque no en agua sino en Espíritu Santo. Lo que sí sabía Juan era que Dios había dicho que, cuando viera al Espíritu Santo bajar del cielo, reposar y quedarse en alguien que él bautizara, ésa sería la persona que traería el otro bautismo. Y dijo que lo había visto ocurrir. No solo vio a la paloma que descendió, sino que escuchó la voz que las personas pensaban que era como un trueno. Cuando Dios habla fuerte, es muy fuerte, y suena como un trueno. Pero Juan pudo escuchar las palabras. La multitud dijo: "¡Que trueno!". Pero Juan escuchó las palabras: "Este es mi hijo amado, y estoy muy complacido". Dios estaba tan complacido que Jesús fue bautizado. ¿Cómo podemos algunos no hacerlo y disgustar a Dios?

Por lo tanto, Juan dijo dos cosas de Jesús. Dijo: "Éste es el Cordero de Dios que quitará los pecados del mundo" y "éste es quien puede bautizarlos en el Espíritu Santo". Lo segundo está al principio de cada uno de los cuatro Evangelios. Sin embargo, he escuchado a muchos predicadores hablar del Cordero que quita el pecado del mundo, pero muy pocos acerca de que él es quien bautiza en el Espíritu Santo. ¿No es extraño? Aún más, solo en uno de los Evangelios dice: "Él es el Cordero que quita el pecado del mundo". Solo lo dijo una vez, en una conversación privada, pero cuando dijo: "Éste es el que bautiza en el Espíritu" lo dijo a todos.

Necesitamos dos cosas: perdón y santidad
Ahora, ¿cuál ha sido el error en la iglesia, que de alguna forma tiene el equilibrio cambiado, siempre hablando del Cordero de Dios que quita los pecados y la cruz, pero nunca

de Jesús el bautista. Estoy intentando recuperar el equilibrio ahora. Uno necesita dos cosas para ir al cielo: perdón y santidad. "Sin santidad nadie verá al Señor". Si no es santo antes de ir al cielo, lo arruinaría muy rápidamente para usted y para todos los demás, ya que es un lugar santo. En realidad, no hablo mucho acerca del cielo, sino que hablo del nuevo cielo y la nueva tierra, porque es ahí donde viviremos. Y no se permitirá nada que contamine ese nuevo universo. Si usted fuera al cielo como está —si yo fuera al cielo como estoy—, lo arruinaríamos. Usted puede venir a adorar tal como está, pero no puede ir al cielo tal como está. Si fuéramos tal como estamos ahora, no sería el cielo para ninguno de nosotros.

Por lo tanto, necesitamos estas dos cosas: perdón y santidad. La primera, es la obra de la segunda persona de la Trinidad, Jesús. La otra, de la tercera persona, el Espíritu Santo. Necesitamos a ambos, que significa, en términos sencillos, que para vivir la vida cristiana necesitamos recibir a dos personas, la segunda y la tercera persona de la Trinidad. Necesitamos a Jesús y necesitamos al Espíritu Santo, y está claro, a partir de las escrituras, que uno no puede tener a uno sin el otro. Éste es un punto muy importante. Lea el capítulo 8 de Hechos si desea saber. Había algunas personas que se habían arrepentido de sus pecados, habían creído en Jesús, habían sido bautizadas en agua, estaban llenas de gozo, pero dice que ninguna de ellas había recibido el Espíritu Santo. Así que Pedro y Juan descendieron de Jerusalén para orar por ellas. Era inaudito que alguien creyera en Jesús, pero no hubiera recibido el Espíritu. Ellos debían corregir la situación de inmediato.

Debo decir que hay miles de personas en nuestras iglesias que han recibido a Jesús, pero no saben cómo recibir el Espíritu Santo. Y eso significa solo la mitad de nuestra salvación. Es solo la mitad de lo que se requiere para ser un cristiano. Sí, usted ha invitado a Jesús a su vida, pero necesitará más. Hay una tercera persona. Y su obra es completamente esencial para vivir la vida cristiana. Usted necesita dos bautismos. Necesita dos personas que entonces lo harán como Dios mismo, en cuya imagen usted fue creado.

Jesús hizo muchas cosas maravillosas durante su vida. Sanó a los enfermos, echó fuera demonios, calmó la tormenta, alimentó a cinco mil personas con unos pescados y unos panes. Hizo cosas asombrosas, pero ni una sola vez bautizó a alguien en el Espíritu. ¿Alguna vez notó esto? Juan había dicho que los bautizaría en el Espíritu Santo. "Yo no puedo hacerlo, pero él lo hará". Pero no lo hizo mientras estaba en la tierra. ¡Ni una sola vez! Me pregunto si la gente lo notó, si se lo preguntaron. Lo que dice es que estaba hablando constantemente acerca de ser bautizado en el Espíritu. ¿Sabía eso? Siempre estaba hablando de eso, pero nunca lo hizo . . . hasta la última noche de su vida, antes de morir. Dijo: "Les hablaré ahora acerca del Espíritu Santo, otro Consolador". No es una palabra muy linda. Habla de bolsas de agua caliente y de algodón, para mí. "Consolador" en las escrituras es la palabra griega *"paracletos"*, que significa simplemente "pararse al lado", una palabra hermosa. Voy a enviar a alguien que se parará al lado de ustedes. Y luego dijo algo muy interesante. Ha estado *con* ustedes, pero estará *en* ustedes. Ha estado al lado de ustedes ya, pero quiere estar dentro de ustedes, ¡y significa un gran paso! Ahora bien, el Espíritu Santo había estado al lado de los doce apóstoles. Después de todo, habían salido y habían sanado a los enfermos y habían echado fuera demonios, y no lo habían podido hacer con su propio poder. El Espíritu Santo estaba al lado de ellos, porque Jesús estaba al lado de ellos, y el Espíritu Santo estaba en Jesús. Pero Jesús dijo, en la última noche, que el Espíritu Santo quiere estar *adentro* de usted, no solo al lado de usted, sino adentro de usted y de mí. Cuando uno tiene a Cristo tiene al Espíritu Santo al lado, en Cristo. Pero uno necesita tenerlo *adentro*. Es un gran cambio.

Jesús dio a los discípulos una señal y una orden
Los doce discípulos no lo tenían aún, así que se los prometió la noche que murió. Luego, en el primer día de su resurrección, cuando volvió a donde estaban ellos, les habló nuevamente del Espíritu Santo, y les dio una señal y una orden. Ahora quiero que sepa esto: nada ocurrió en ese momento. Dijo: "Acá está la señal", y sopló sobre cada uno. Después que sopló, les dio una orden, una orden imperativa: "¡Reciban el Espíritu Santo!". Y no ocurrió nada. No hay ningún registro de que hayan recibido y, de hecho, de los once apóstoles, uno faltaba esa noche. Faltaba Tomás. ¿Se perdió algo él? No. Los otros diez le dirían, cuando volvió, que habían recibido una señal y una orden. "Cuando Jesús sople sobre nosotros, debemos recibir". Era un ensayo de algo que ocurriría cincuenta días después. Eso fue todo. No hay ningún registro de que algo ocurriera en ese momento. Sopló sobre ellos y luego les ordenó: "Ahora reciban". Si hubieran recibido en ese momento, les habría dicho que recibieran primero y luego habría soplado sobre ellos. Pero no lo hizo: sopló y luego les dijo que recibieran, y ellos sabían que la próxima vez que Jesús soplara sobre ellos debían entregarse y recibir lo que les estuviera dando. Seis semanas después, los dejó y volvió a su hogar en el cielo. Les dijo que esperaran. "Serán bautizados en el Espíritu Santo en unos pocos días". Diez días después, a las nueve de la mañana, estaban todos en el templo —no en el aposento alto—, en la casa de Dios, orando, un lugar público. Había ciento veinte, incluyendo a María, la madre de Jesús. ¿Alguna vez escuchó a un predicador decir que ella habló en lenguas? Bueno, lo hizo. Y sus hermanos, en vez de burlarse de él por su "síndrome mesiánico", estaban

ahora ahí, orando. Estaban los diez, y estaba Tomás, y ahora habían elegido a otro, Matías, para reemplazar a Judas. Estaban todos ahí.

Y ahora, finalmente, fueron bautizados en el Espíritu Santo por Jesús, que estaba en el cielo. Nunca lo hizo mientras estaba en la tierra. Dijo: "Tengo que volver a donde estaba antes que él pueda venir". Jesús solo podía hacerlo después de ir al cielo. Por eso dije que se convirtió en un bautista unos cuatro años después que su primo Juan. Pero Jesús estaba bautizando en el Espíritu Santo, y ahora ocurrió. Por primera vez en la historia humana un grupo de personas fue bautizado en el Espíritu Santo por Jesús desde el cielo.

Estoy seguro que conoce la historia lo suficientemente bien como para que no tenga que repasarla, pero tiene una parte exterior y una parte interior. La parte exterior fue el viento que sopló y el fuego que se asentó sobre cada uno de ellos. Esto no volvió a ocurrir en el Nuevo Testamento, hasta donde sabemos. Ha ocurrido desde entonces. Estaba en una reunión de unas ciento veinte personas en una universidad cristiana en Inglaterra y, tontamente, cerré mis ojos mientras oraba. Nos hemos acostumbrado a hacerlo. Nunca lo hacían en la Biblia. Levantaban los ojos al cielo. Cerré mis ojos, y más de una persona me dijo después que una lengua de fuego se asentó sobre cada cabeza en esa reunión. Me mandaron un aviso de una cocina de gas con un anillo de fuego que decía: "Fue así". ¡Y me lo perdí! Ahora, cuando oro, tiendo a abrir los ojos para ver lo que está ocurriendo.

Billy Graham iba camino a Escocia para su primera cruzada en Glasgow. Le habían dicho que los escoceses era gente adusta, alimentada con crema de avena durante años, y que no responderían a su llamado emotivo. Así que él y los demás evangelistas entraron en el compartimento del vagón de un tren, bajaron la cortina y se pusieron a orar de rodillas por la cruzada de Glasgow. Billy Graham registra en su autobiografía que "el sonido de un viento recio y poderoso" llenó el compartimento, y supieron que todo saldría bien.

Cuando estamos llenos, rebosamos
Esas son cosas especiales que no ocurren habitualmente. Pero la parte interior —lo que les ocurrió *adentro*— es lo que nos interesa. Nos preguntaremos, con relación a esta parte interior: ¿Es para usted hoy? Bueno, ¿y qué ocurrió en su interior? Fueron llenos hasta rebosar del Espíritu Santo. Considerémoslo. Me detuve para cargar gasolina camino a un evento porque se me estaba terminando el combustible. ¿Cómo sé que tanque de combustible está lleno? Bueno, ahora tenemos una bomba automática que se apaga sola, pero no era lo que teníamos tiempo atrás. ¿Cómo sabía entonces que tenía el tanque lleno? Cuando rebosaba del agujero en la parte atrás del coche. ¿Cómo sabe uno que alguien está lleno de algo? Bueno, Dios le ha provisto de un rebosadero. Hay un pequeño rebosadero en la bañadera de mi casa. Tiendo a hacer mucha meditación en la bañadera. ¿Usted también? Realmente puedo hacerlo. Miro hacia el lado correcto, me relajo, tengo una antena parabólica que recibe mis mensajes de allá arriba, y puedo terminar un libro completo en la bañera. Puedo quedarme hasta que el agua está helada. (Es que debe ser mi teología: nunca he podido meditar en una ducha, pero cuando estoy sumergido puedo realmente meditar.) Eso es un aparte, pero hay un rebosadero justo debajo de los grifos. Hay dos grifos, y luego está el agujero, y si uno llena la bañera, hay un sonido horrible del agua que sale por ese agujero.

Ahora bien, Dios dio a cada uno de nosotros un rebosadero. Está a unos tres centímetros debajo de la nariz, así que si pone el dedo en la nariz y empieza a bajar encontrará ese rebosadero. Jesús dijo que de lo que esté lleno el corazón saldrá por la boca. Es algo que nos hace pensar. Por esta razón más personas han pecado con la boca que con cualquier otra parte del cuerpo. De hecho, una vez escuché a un pastor decir a su congregación: "Ahora voy a mostrarles la parte del cuerpo que me trae más tentaciones", y se produjo un silencio mortal. ¡Entonces sacó la lengua! "De lo que esté lleno el corazón, saldrá por la boca", dijo Jesús.

Si usted está lleno de temor, grita. Si está lleno de ira, ¿qué sale? Si está lleno de diversión, ¿por dónde sale? ¡Usted se ríe! Eso es porque está lleno de humor, lleno de diversión, y eso sale.

Así que, cuando uno está lleno del Espíritu Santo, la señal segura y cierta es que algo saldrá de su boca, y es exactamente lo que ocurrió el día de Pentecostés. Todos fueron llenos. Jesús había dicho: "todos serán bautizados en el Espíritu Santo". Todos fueron llenos —la misma idea— llenos hasta rebosar, y comenzaron a alabar. ¡Estallaron en adoración y el lugar explotó! Lo único distinto era que estaban usando idiomas que no habían aprendido. Odio la palabra "lenguas", porque suena como un balbuceo descontrolado. La palabra que se usa acá es "idiomas". Alababan las obras poderosas de Dios en idiomas que no habían aprendido. Pero, por supuesto, Dios conoce todos los idiomas, ¿no es cierto? Y alguien lleno de su Espíritu puede hablar cualquier idioma del mundo, y aun cualquier idioma del cielo: lenguas de hombres o de ángeles.

De modo que explotaron en alabanza a Dios en idiomas desconocidos. Por supuesto, ciento veinte personas haciendo esto hacen mucho ruido, y todos los demás en el templo lo escucharon. Dijeron que debían estar borrachos. Uno no se comporta de esta forma en un templo, así como hay gente hoy que dice que uno no se comporta así en una iglesia. Dijeron que estaban borrachos, y fue ahí cuando Pedro dijo: "¿Borracho a las nueve de la mañana?" ¡Inaudito! Esto es lo que Joel predijo". Éste es el espíritu de profecía que introduce la "profetidad" de todos los creyentes.[1] Se trataba de esto, y el espíritu de profecía estaba siendo derramado sobre toda clase de personas, sin tener en cuenta la edad, el sexo o clase social, como había dicho Joel. La edad, el sexo y la clase social no importan aquí. El Espíritu Santo es derramado sobre toda carne, sobre toda clase de carne.

Cada año desde entonces, las iglesias han celebrado y recordado ese evento, porque fue fundacional para la iglesia cristiana, para toda la vida cristiana. Así que ciento veinte personas supieron lo que significaba ser bautizados en el Espíritu Santo. Fue una experiencia, una experiencia consciente. Sabían cuándo había ocurrido y podían fecharla. Ocurrió en la fiesta judía de Pentecostés, la fiesta que recordaba que Dios había enviado los mandamientos a través de Moisés en Sinaí: no solo diez mandamientos sino seiscientos trece. Dios había dado sus mandamientos, y el resultado inmediato en Sinaí fue que tres mil personas murieron por quebrantar esos mandamientos. Está en el libro de Éxodo.

El Espíritu trae vida
Tres mil murieron cuando se dio la Ley pero, cuando se dio el Espíritu, tres mil fueron salvados. Por eso Pablo dijo más tarde: "La letra mata, pero el Espíritu da vida". Cuando las iglesias están bajo reglas y regulaciones, y bajo la letra, mata. El legalismo ha matado a más iglesias que el libertinaje. Pero cuando está el Espíritu y está la libertad del Espíritu, ¡hay vida! Hay iglesias muertas, y hay iglesias vivas, y el Espíritu es el que hace la diferencia. No solo *ellos* supieron cuándo ocurrió, sino que todos los demás que estaban presentes supieron cuándo ocurrió. Ésa es la marca de los bautismos posteriores en el Espíritu: no solo lo saben las personas, sino lo saben todos los que están cerca.

Estaba sentado en un parque público en la ciudad

de Brasilia, la nueva capital de Brasil, con un precioso misionero, dedicado a su trabajo. Pero él confesó con tristeza que nunca había experimentado el poder sobrenatural. Habló melancólicamente acerca del Espíritu Santo, a quien no conocía realmente. Me preguntó si podría orar por él, y ahí en ese parque público, rodeado de familias en un día de campo, simplemente puse una mano sobre él y dije: "Señor, este querido hombre te ha servido fielmente, pero todo en sus propias fuerzas. Por favor dale tu poder". Entonces abrió su boca y gritó: "¡Aleluya!" con todas sus fuerzas. Estaba lleno hasta rebosar. Todas las familias se dieron vuelta para mirarlo. Me alejé un poco de él, y entonces me miró y preguntó: "¿Es esto?". Le dije: "Bueno, me suena que sí. Estoy seguro que nunca hizo eso en su vida, especialmente en público. Usted es un inglés muy reservado". Dije que nunca había hecho algo así antes, pero la prueba de esto fue que dentro de las próximas veinticuatro horas había sanado a dos personas, algo que nunca había hecho antes. Fue una explosión. Estaba lleno hasta rebosar. Fue todo lo que salió, pero fue suficiente para mí, porque fue suficiente para Dios. El hombre estaba lleno, hasta rebosar.

Años después, Pedro no decía: "fuimos bautizados en el Espíritu Santo o fuimos llenos del Espíritu Santo". Decía simplemente: "fue cuando *recibimos* el Espíritu Santo". Quiero dejarlo muy claro. En su Biblia, como en la mía, recibir el Espíritu Santo, ser bautizado en el Espíritu Santo y ser lleno del Espíritu Santo son la misma cosa. Cuando Pablo preguntó a los discípulos de Éfeso: "¿Recibieron el Espíritu cuando creyeron en Jesús?", quería decir esto. Cuando escribió a Tito y dijo que hemos sido justificados por fe, salvados por la justificación por fe y a través del Espíritu derramado abundantemente sobre nosotros, quería decir esto. ¡Los términos que usaban! Decían: "el Espíritu caía sobre nosotros", "fue derramado sobre nosotros", "nos ungió", "nos llenó". Agotaron el diccionario para tratar de describir esta asombrosa experiencia. Pero todo se refiere a lo mismo, con una excepción. Hubo ocasiones posteriores cuando fueron llenados, pero no usaron otro idioma. Usaron "ungidos" para el único derramamiento inicial. Usaron "llenos" para experiencias repetidas de ser llenados hasta rebosar. Ésa es la única palabra usada para experiencias posteriores del Espíritu Santo, y creo que debemos atenernos a la forma en que la Biblia usa las palabras.

Así que ahí estaba. Fue un suceso, pero un suceso con efectos. Nunca volvieron a ser iguales. Hubo cinco áreas de su vida que fueron cambiadas radicalmente después del día de Pentecostés, después que fueron bautizados en el Espíritu.

Cinco efectos importantes de ser llenos del Espíritu Santo

En primer lugar, ahora tenían *confianza*. Vez tras vez dice que fueron llenos del Espíritu Santo y hablaban la Palabra de Dios con *osadía*, confianza. En primer lugar, tenían confianza en ellos mismos. Tenían una seguridad. ¿Quiere estar seguro de que Dios lo ha perdonado? ¿Quiere estar seguro de ser un hijo de Dios? No obtendrá esa seguridad de las escrituras. Hay demasiados evangélicos que lo intentan. Dicen: "Bueno, la Biblia lo dice, yo lo creo, así que debe ser cierto". Es una especie de deducción mental. La seguridad de la que habla el Nuevo Testamento no viene de las escrituras sino del Espíritu. El Espíritu mismo da testimonio con nuestro espíritu de que somos hijos de Dios. Juan dice: "Por esto sabemos que somos hijos de Dios, porque nos ha dado su Espíritu". Es la tarea del Espíritu asegurarse de que usted sea un hijo de Dios y es precisamente lo que ocurre.

Después que mi esposa fue llena del Espíritu, noté la confianza que tenía, la osadía al hablar, y no es solo la seguridad de que uno está en una buena relación con Dios, sino una osadía al hablar a otros. Sin acobardarse, sino diciendo simplemente: "Ésta es la verdad". ¡Lo sabemos! Y les dio valentía, la valentía no solo para vivir para Cristo sino para morir por él. Eso requiere confianza, ¿no es cierto? Requiere valentía. Fue la primera área de su vida que cambió.

La segunda área fue que ahora tenían una *guía*. Eran *guiados* por el Espíritu. El Espíritu les decía dónde ir, qué hacer. El Espíritu tomó el control de sus vidas, y a veces les prohibía ir al lugar donde iban. En otras ocasiones, les abría una puerta. Es que la guía es uno de los mayores problemas que algunos cristianos parecen tener: tratar de averiguar, tratar de adivinar la mente de Dios. Pero el Espíritu trae guía. "Los que son guiados por el Espíritu de Dios, estos son los hijos de Dios". Es la tarea del Espíritu ayudarlo a conocer la mente de Cristo para su vida, y el Espíritu guiará.

Tercero, tenían *poder*. Podían hacer que nunca podrían haber hecho sin esto: ¡poder sobrenatural! Son llamados los dones del Espíritu, y ahora podían hacer las cosas que había hecho Jesús. Él les había dicho en la última noche, antes de morir: "las obras que hago, las harán también ustedes". Porque los milagros que hizo Jesús no fueron hechos porque era el Hijo de Dios, sino porque era el Hijo del Hombre trabajando con el Espíritu Santo. No hizo ningún milagro hasta que tuvo treinta años. No podía. Nunca llegó a predicar hasta que tuvo treinta años. No podía, porque era un ser humano tan real como usted o yo, y por lo tanto dependía del Espíritu Santo. Dijo: "Si por el Espíritu de Dios echo fuera demonios, entonces el reino de Dios ha venido sobre ustedes".

Jesús nunca se atribuyó el crédito por sus milagros. Los atribuyó al poder del Espíritu Santo, y por eso pudo decir: "las cosas que he estado haciendo, las harán ustedes". ¿Imposible? ¡No, no lo es! Por eso las personas que son bautizadas en el Espíritu empiezan a ver que ocurren milagros.

La cuarta cosa que tuvieron después de Pentecostés fue *unidad*. Lo llamaban la comunión del Espíritu. La palabra griega *koinonia* se acerca más a tomar una taza de té juntos. Teníamos una secretaria en la iglesia que, cada domingo, acostumbraba a decir: "Venga a tener comunión en una taza de té con nosotros después". ¡Y teníamos visiones de todos los miembros de la iglesia metidos es una taza gigante, teniendo comunión en una taza de té! Pero eso no es comunión, sino solo amistad. Hay comunión cuando hay algo los une de manera estrecha. La palabra era usada para siameses que compartían el mismo torrente sanguíneo. He encontrado que hay personas que hablan de la unidad en la iglesia en todas partes, pero nunca se logrará la unidad llevándonos todos a una denominación, una construcción, una organización. Tampoco se logra estando de acuerdo en la doctrina. Hay quienes piensan que, si cada uno presenta al otro una lista de sus doctrinas, pueden decir: "Si está de acuerdo con esto, podemos tener comunión". No es así.

En la Biblia uno tiene *koinonia* con todos los que han sido llenos del Espíritu Santo, el mismo Espíritu que tiene usted. Y ése es el primer paso hacia la unidad doctrinal o la unidad organizacional. Pablo, en Efesios 4, dice: "mantengan la unidad del Espíritu en el vínculo de la paz *hasta que todos logremos la unidad de la fe*". Fue un impacto para mí cuando descubrí que había católicos romanos bautizados en el Espíritu. Pensé: "Pero no puedo tener comunión con ellos. Enseñan esto, aquello y lo otro". Y dejo muy en claro que no puedo estar de acuerdo con todas las enseñanzas católicas. No estoy de acuerdo. Pero he encontrado que puedo tener *koinonia* con católicos que han recibido el Espíritu. Pienso en el querido Padre Ian Pettit. Amaba a Jesús más que ninguna otra persona que conozco. Compartí una habitación con él en una conferencia, y dije: "Ian, espero que mi habitación en el cielo esté al lado de la tuya". Nunca pensé que diría esto a un católico romano. Pero la unidad *del Espíritu* viene primero.

Cuando uno se encuentra con alguien que ha sido llenado con el mismo Espíritu, comparte el mismo torrente sanguíneo, comparte el mismo aire que respiran, y pueden tener comunión. Ésa es la respuesta a la unidad de la iglesia, que todos seamos llenos del Espíritu. Podemos ver la doctrina después.

Estaba predicando a unos sesenta sacerdotes en un seminario católico romano, con un cardenal sentado en la primera fila, y me dieron a elegir los títulos. Así que escogí: "Lo que la Biblia no dice acerca de María". Ahora bien, eso es exponerme. Pero les dije lo que la Biblia sí dice acerca de María, y dije: "Nosotros, los protestantes, tenemos miedo de hablar de María, para evitar que alguien piense que somos católicos". Dije: "Ustedes dicen demasiado, y nosotros decimos demasiado poco. Volvamos a lo que la Biblia realmente dice. Una cosa que hizo María fue hablar en lenguas". Eso, nuevamente, causó cierto estupor, pero ahí está. Dije: "Desde el día que habló en lenguas se convirtió en un miembro común de la congregación; su tarea especial había concluido". Podía hablar así porque Ian Pettit mismo vino y lloró sobre mi hombro después. "Por primera vez entiendo por qué ustedes los protestantes tienen problemas con nosotros los católicos". Ahora podíamos mantener la unidad del Espíritu *hasta que alcancemos la unidad de la fe*. Y los primeros discípulos tenían una unidad. Tenían sus desacuerdos, pero había una unidad ahí que ellos llamaban la "comunión del Espíritu": siameses que comparten la misma fuente de vida.

Finalmente, en quinto lugar, tenían *pureza*. Ahora descubrieron que podían vivir vidas puras. Podían ser santos. Podían vivir como Dios. Podían ahora obedecer el mandamiento del Antiguo y del Nuevo Testamento: "Sean santos, porque yo soy santo, dice el Señor". Encontraron que podían hacerlo. Ahora, usted intente vivir la próxima semana una vida santa con su propia fuerza, y puede venir a confesarse después. ¿Alguna vez intentó vivir una vida santa por su cuenta? Nunca lo logrará, y no sirve de nada que le digan lo que puede hacer. Como el hombre que fue enviado a la cárcel a los setenta años "de por vida", y le dijo al gobernador: "Nunca lo lograré". El gobernador le dijo: "No importa, solo haga lo que pueda". Es asombroso cuántas personas piensan que es eso lo que somos llamados a hacer para ser santos: hacer lo que uno pueda y Dios perdonará lo que no pueda hacer. Pero, a través del Espíritu Santo, los discípulos encontraron que podían vivir vidas santas. Lo llamaron el fruto del Espíritu. Encontraron que el Espíritu podía reproducir el carácter de Cristo en ellos, que podían ser como Jesús.

El fruto del Espíritu
El fruto del Espíritu es uno solo fruto con nueve sabores. No se puede tener uno de los sabores sin los otros ocho. Hay una fruta llamada Monstera deliciosa. Uno da un mordisco y tiene el sabor de una naranja. Toma otro mordisco, y sabe a pomelo. Tiene los diferentes sabores de las frutas en una fruta. El fruto del Espíritu tiene nueve sabores: amor, alegría, paz, paciencia, amabilidad, bondad, fidelidad, humildad y dominio propio. Son todas descripciones de Jesús. El Espíritu Santo, si usted camina en el Espíritu, reproducirá esas nueve cosas. Puede encontrar algunas en no creyentes. Nunca encontrará las nueve juntas en un no creyente, porque solo el Espíritu Santo en un creyente puede producirlas todas a la vez. Amor, alegría, paz, paciencia, amabilidad, bondad, fidelidad, humildad y dominio propio. ¿Notó que las primeras tres lo ponen bien con Dios, las siguientes tres lo ponen bien con los demás, y las últimas tres lo ponen bien a uno mismo? Así que uno tiene buenas relaciones

con Dios, con otras personas y con uno mismo a través del Espíritu Santo.

Ahora es tiempo de pensar en nosotros, hoy. Le he estado hablando de *allí* y *entonces*, ahora es *aquí* y *ahora*. Tenemos que hacernos algunas preguntas importantes. ¿Acaso no necesitamos estas mismas cinco cosas? ¿No estaría de acuerdo en que son las mayores necesidades de la iglesia hoy? Estos cinco efectos (hay muchos más que podría haber mencionado) se necesitan urgentemente, pero ¿cómo los lograremos? ¿Cómo podemos tener los efectos sin el suceso? Ésa es la gran pregunta o, para decirlo de otra forma, ¿fue Pentecostés la primera y última vez que ocurrió, o ha vuelto a ocurrir alguna vez? ¿Podría ocurrir ahora, o en cada Pentecostés solo celebramos el nacimiento de la iglesia, que ya ha pasado? ¿Simplemente estamos mirando hacia atrás a algo, en vez compartir ese suceso?

Tres puntos de vista actuales de la iglesia sobre la experiencia de Pentecostés

La mayoría de las iglesias miran atrás en Pentecostés. No hablan de que ocurra ahora. Dicen: "¿No fue un suceso maravilloso, algo que puso a la iglesia en marcha?". Punto y aparte. Ahora he ingresado en un área polémica. Seré muy sincero con usted y compartiré tres puntos de vista importantes con relación a la pregunta: "¿Volvió a ocurrir Pentecostés?". Hay diferentes opiniones, y hay muchas iglesias entre los distintos puntos de vista. Los llamaré *sacramental, evangélico* y *pentecostal*. Usted deberá buscar las escrituras por su cuenta para llegar a uno de los tres puntos de vista. No escuche solo a los predicadores y maestros de la denominación donde se crio, o su trasfondo. Debe ir a la Palabra de Dios y dilucidar por sí mismo cuál de estos puntos de vista es el correcto.

El punto de vista *sacramental* es muy sencillo: Pentecostés nunca se repitió. Fue un suceso único y aislado, que puso en marcha a la iglesia. El Espíritu fue dado en ese momento a la iglesia para residir ella. Si alguien quiere beneficiarse de ese suceso de mucho tiempo atrás, lo hace simplemente uniéndose a la iglesia. Entonces uno "entra" en una comunidad del Espíritu, y los cinco efectos aparecerán en su vida. Esta idea de que el Espíritu Santo reside ahora en la iglesia genera otra pregunta: "¿Cómo me lo apropio, como individuo?". La respuesta es: a través de los sacramentos de la iglesia. El punto de vista católico del enfoque sacramental es que uno recibe el Espíritu Santo al ser bautizado de bebé. Éste es un bautismo doble: uno es bautizado en agua y en el Espíritu al mismo tiempo. No recordará ninguno de ellos, pero más adelante en la vida debe creer que fue lo que ocurrió. Fue en ese momento que recibió el Espíritu.

La versión anglicana de esto es que ocurrió en la confirmación. Si se fija atentamente en el Libro de Oración Común, se dará cuenta de que los anglicanos deben creen que, en el bautismo de bebés, o bautizo, uno nace del Espíritu, y en la confirmación uno recibe el Espíritu Santo. El obispo, de hecho, se dirá cuando pone las manos sobre la persona: "Recibe el Espíritu Santo". Es posible que nada ocurra, probablemente no sienta nada, pero debe creer que es en ese momento que lo recibe. Francamente, me resulta imposible aceptarlo. Es como si no soy bautizado en el Espíritu por Jesús, sino por algún sacerdote. Él es la persona a la que debo acudir. Creo que es completamente contrario a las escrituras. No hay nadie fuera de Jesús que pueda bautizarlo en el Espíritu Santo, y él no podía hacerlo hasta que hubiera vuelto al cielo. Pero ésa es la creencia.

Casi las dos terceras partes de la población británica ha sido bautizada de bebés. ¿Diría usted que dos tercios del pueblo británico ha recibido el Espíritu Santo? Alrededor de un cuarto de la población ha sido confirmada de adolescentes.

¿Diría usted que una cuarta parte de la población ha recibido el Espíritu Santo? Simplemente encuentro que los hechos dicen algo muy diferente. Mi mayor problema es que creo que es Jesús quien lo hace, no un sacerdote. Pero ése es un punto de vista, y probablemente a la mayoría de los miembros de la iglesia en este país se les ha dicho que recibieron el Espíritu cuando fueron bautizados de bebés o en la confirmación y, aunque nada sucedió, deben creerlo. Sé de un obispo que se pegó un gran susto cuando dijo: "Recibe el Espíritu", ¡y la persona lo recibió! Empezó a hablar en un idioma desconocido, ¡y el obispo casi se salió de la sotana! Nunca antes había visto que sucediera algo así. Ocurrió en esa única ocasión (conozco al obispo personalmente). Pero, por lo general, nada ocurre. Después de todo, si fue bautizado de bebé no tendrá ningún recuerdo y probablemente no signifique nada para usted, más allá de un certificado con su nombre. Éste es un punto de vista, y lamento si parezco algo sarcástico, pero no puedo alinearlo con el Nuevo Testamento.

    El segundo punto de vista que tal vez le resulte conocido es lo que llamo el punto de vista *evangélico*, y tomo un maestro de la Biblia como John Stott como un representante de este punto de vista. Dice que Pentecostés se repitió solo tres veces más en el libro de Hechos. Ocurrió nuevamente con un grupo de samaritanos, nuevamente con un grupo de gentiles —Cornelio y su casa— y nuevamente con los discípulos de Juan, en Hechos 19. Ha ocurrido solo cuatro veces en la historia. Lo llaman "el Pentecostés de los judíos", "el Pentecostés de los samaritanos", "el Pentecostés de los gentiles" y "el Pentecostés de los discípulos de Juan". Por lo tanto, dicen, no espere que Pentecostés le ocurra a usted. Entonces, ¿cómo puedo beneficiarme del suceso de Pentecostés? Si el punto de vista sacramental dice que debemos tomar los sacramentos de la iglesia, la visión evangélica dice que debemos convertirnos: invitar a Jesús a nuestra vida y un montón de eufemismos más, como hacer un compromiso, tomar una decisión, pedir que Jesús tome el control. Ninguna de estas frases aparece en la Biblia, pero las usamos a diestra y siniestra. La enseñanza es que, cuando *recibimos* a Jesús como nuestro Salvador y Señor, *automáticamente* y, por lo general, *inconscientemente*, recibimos el Espíritu Santo.

Éste es el punto de vista más común entre los evangélicos. Por lo tanto, uno no puede usar el lenguaje del Nuevo Testamento acerca de su conversión. Muy pocos evangélicos hablan de su conversión como ser bautizados en el Espíritu. Ninguno de ellos usa la palabra *lleno* acerca de su conversión. Ninguno habla del Espíritu "derramado sobre" o "cayendo sobre" ellos. Pasa a ser un lenguaje irrelevante, porque ¿cómo puede alguien describir una experiencia inconsciente con palabras tan poderosas? No puede. Así que todas esas palabras usadas en el Nuevo Testamento, que hablan de ser bautizados en el Espíritu, son descartadas en favor de estos términos no escriturales, como invitar a Jesús a su vida, etc. Y, sobre todo, ¡el Nuevo Testamento no habla de *"recibir a Jesús"*! Habla de eso mientras Jesús estuvo en la tierra, porque uno podía invitarlo a su casa. Dice que vino a los suyos y los suyos no lo recibieron, pero todos los que lo *recibieron* (tiempo pasado) a él (es decir, durante los tiempos de su carne), a ellos les dio la autoridad para ser hijos de Dios, nacidos de Dios y no de la voluntad o la carne del hombre.

Arrepentirse, creer, recibir
Pero todo eso está en tiempo pasado, cuando Jesús estaba en la tierra. Y dijo, entonces: "Si me reciben a mí, reciben al que me envió". Pero después que ascendió y los cielos lo recibieron, fuera de la vista de los apóstoles, *nunca más* hablaron de recibir a Jesús. Uno no puede recibirlo, ya que ya no está en la tierra. Está a la diestra del Padre. Lo que

sí *puede* recibir ahora, y se le debe decir que reciba, es el Espíritu Santo, que ha tomado su lugar en la tierra. Así que nunca predicaron que debían recibir a Jesús como su Señor y Salvador. Decían: *crean en Jesús* y *reciban el Espíritu Santo*, y agregaban una cosa antes de ambas. Decían: *arrepiéntase hacia Dios*, crean en Jesús (a su diestra) y reciban al Espíritu Santo (ahora en la tierra). Así que hemos mezclado nuestro lenguaje y, francamente, significa que muchos cristianos en este país no saben si han recibido o no al Espíritu Santo. No hay ningún suceso que puedan señalar, ningún Pentecostés en su vida cuando el Espíritu fue derramado sobre ellos, cuando el Espíritu cayó sobre ellos. Éste es el segundo punto de vista, y era el segundo más común en Gran Bretaña. Pero sigo adelante. La idea es que Pentecostés desapareció después de los apóstoles, y este punto de vista a menudo está en contra de la profecía y las lenguas hoy. Dice que estas cosas pertenecen al pasado.

Llego ahora al tercer punto de vista importante que está dominando a la iglesia mundial y se está convirtiendo en el principal punto de vista en el siglo XXI, la visión pentecostal. Comienza con una premisa muy sencilla: Jesús es el mismo ayer, hoy y siempre. Por lo tanto, él está haciendo lo mismo y de la misma forma. Es un argumento sencillo. En este punto de vista se espera que cada creyente tenga su propio Pentecostés, que aproveche el suceso histórico de una forma existencial. Suena algo complicado, ¿no es cierto? En palabras sencillas, es la misma forma en que los apóstoles recibieron el Espíritu, y todas las demás personas de la iglesia del Nuevo Testamento. Cuando uno lee las escrituras con cuidado, encuentra que los apóstoles esperaban que cada creyente en el Nuevo Testamento tuviera el mismo suceso en su vida. Pedro lo dijo vez tras vez. Dijo: "No pude sino aceptar a Cornelio y su casa, porque recibieron el Espíritu, tal como nosotros recibimos el Espíritu". La misma experiencia, el mismo suceso. Llenos hasta rebosar, a veces en idiomas desconocidos, a veces en el idioma que conocían. Ambas cosas ocurrieron en el Nuevo Testamento, explosiones a través de la boca de palabras que venían de Dios. Era lo que buscaban y esperaban en cada creyente. Por eso Pedro y Juan fueron corriendo a Samaria, porque no lo habían experimentado ahí. Se habían arrepentido, habían creído, habían sido bautizados, estaban llenos de alegría, pero no lo habían experimentado. Así que Pedro y Juan descendieron rápidamente y oraron por ellos. Y dice: "mientras oraban por cada uno, cada uno recibió su Pentecostés". Era la forma *normal* en que el Espíritu Santo era recibido *entonces*, y los pentecostales piensan que es lo normal *ahora*. Pentecostés fue solo la *primera* ocasión de este tipo.

Después de todo, Juan el Bautista lo había prometido a todos los que bautizaba en agua. ¿Acaso agregó: "Por supuesto, solo será para todos los que estén presentes el día de Pentecostés"? Suena ridículo, ¿no? No, dijo que él los bautizaba en agua, pero "Jesús los bautizará en el Espíritu Santo". Fue prometido a todos, y en el día de Pentecostés Pedro dijo: "La promesa es para ustedes y a sus hijos, y a los que están lejos, a todos los que el Señor llame". La promesa de ser bautizados en el Espíritu Santo es universal, a través del tiempo y el espacio. Ya dedujeron que éste es mi punto de vista. Fui llevado a él por un estudio de las escrituras.

El testimonio de David
Permítame darle mi testimonio. Conocí a Jesús cuando tenía diecisiete años, a través de mi primo, que era un evangelista llamado Tom Rees, en un lugar llamado Hildenburgh Hall. No conocía el Espíritu Santo. A través de conocer a Jesús llegué a conocer al Padre, y conocía al Hijo y al Padre, pero si me hubiera preguntado si conocía al Espíritu Santo,

no habría sabido qué decir. Sin duda no lo conocía como para hablar con él, y así fue durante años. Cuando estuve en Cambridge, hice un año de posgrado, en el cual pude escoger mi tema de estudio, y elegí: "¿Qué ocurrió el día de Pentecostés, en Hechos 2?". Preparé un escrito sobre este tema y mi conclusión era muy erudita. Después de citar a estudiosos hebreos y griegos, dije: "nadie sabe", y terminé en completa ignorancia. Creía que era demasiado atrás en el tiempo y en distancia como para que alguien hoy entendiera lo que había ocurrido. Recibí una buena calificación. Había citado los estudiosos correctos y agregué algunas cosas mías.

Luego entré en el ministerio y predicaba de manera regular, pero había un día del año en el que no me gustaba predicar, Pentecostés, porque ya no podía hablar del Padre y del Hijo, y tenía que producir dos sermones sobre la tercera persona de la Trinidad. Logré hacerlo usando libros, pero cualquier persona con discernimiento se habría dado cuenta de que solo estaba dando un conocimiento de libro. Como los escribas. Las personas reconocían que Jesús sabía de lo que hablaba, a diferencia de los escribas. Bueno, se convirtió en una crisis. Decidí hacer lo que hacen muchos predicadores (es una decisión malvada): resolver mi duda en el púlpito. Una querida señora dijo a su pastor: "Por favor, deje de compartir sus dudas con nosotros. Tengo suficientes mías". Pero esto es lo que los predicadores a veces hacemos. Así que anuncié que predicaría una serie de veinte sermones sobre el Espíritu Santo, y los llevaría por un recorrido de cada referencia al Espíritu en la Biblia, de Generación a Revolución (Génesis a Revelación), de punta a punta. Y comencé la serie.

Anduve muy bien en el Antiguo Testamento. Estaba lo suficientemente lejos. Hablé de los profetas que fueron llenados con el Espíritu: Sansón y todos los demás. Y me metí en los tres primeros Evangelios. No tenía problemas ahí. Luego me metí en Juan, los capítulos 14 a 16. Comencé a sentirme en aguas demasiado profundas. Había arreglado llegar a Hechos 2 el domingo de Pentecostés, algo que empezaba a temer. Pensé que había comenzado y ahora tenía que terminar. Me preguntaba qué diría el domingo de Pentecostés sobre Hechos 2.

Alrededor de ese tiempo, teníamos un hombre en la iglesia que era el autodesignado líder de la oposición. Creo que hay uno en la mayoría de las iglesias. ¿Sabe a lo que me refiero? El querido James, o Jimmy, como todos lo llamaban. En las reuniones de iglesia, si yo sugería algo, decía: "Ya lo hemos hecho antes, y no funcionó" o "No lo hemos hecho antes y no cambiaremos". Solía volver de una reunión de iglesia diciendo: "Oh, Jimmy, Jimmy". Y mi esposa decía: "No te preocupes por Jimmy. Es el único que se opone a ti, y todos los miembros están de tu lado. Olvídalo". Dije que no podía olvidarlo. Tenía alivio de él una vez al año. Jimmy tenía una debilidad en los pulmones y desarrollaba una fiebre del heno en cierto momento del año, que se convertía en congestión pulmonar, y debía guardar cama hasta seis semanas. Debo decir que me alegraba de no estar con Jimmy. En este año específico, fue cuando estaba en medio de estos sermones sobre el Espíritu Santo que se enfermó, y los médicos le dijeron que guardara cama varias semanas.

Pensé que debía ir a verlo, ya que era el deber del pastor. Así que fui a verlo. Estaba acostado ahí, y mientras me acercaba a él escuchaba constantemente en el cerebro: "Santiago[2] 5, Santiago 5, Santiago 5". Pensé: "Bueno, se llama James, pero ¿qué es el '5'?". Entonces recordé que Santiago 5 dice: "¿Está alguno de ustedes enfermo?". Sigue diciendo que la persona enferma debe ser ungida con aceite y se debía orar por ella, y el enfermo sería sanado. Y pensé: "Oh, no, Señor. No querrás que haga eso para Jimmy, ¿no?".

Llegué a su casa y ahí estaba acostado, con la cara gris, de espaldas, jadeando. Su primera pregunta fue: "¿Qué piensas de Santiago 5?".

Contesté: "Bueno, he estado pensando en el pasaje. ¿Por qué?".

Dijo: "Porque debo ir a Suiza el jueves para un negocio, y el médico dice que no puedo ir. ¿Quisieras ungirme con aceite?". Dije que oraría por esto. Esto es una verdadera escapatoria. ¡Suena tan bien! Fui a casa y pedí al Señor que me dijera por qué no debería hacerlo, que me diera una buena razón por la que no debía hacerlo.

Pero el miércoles su esposa llamó y me preguntó si iría a ungir a su esposo. Acordé hacerlo esa noche, así que fui a la farmacia Boots y compré una botella grande de aceite de oliva. Luego fui a la iglesia solo y me arrodillé frente al púlpito para orar por él. ¿Alguna vez intentó orar por alguien por quien está contento de que esté enfermo? Es un verdadero problema. Intenté orar, y de pronto estaba orando por Jimmy con todo el corazón y el alma. Lo estaba haciendo, pero no en inglés. Me sonaba a chino. Cuanto terminé, miré el reloj. Había pasado una hora, así nomás. Me pregunté si podría volver a hacerlo. Incliné la cabeza, pensé en él, y empecé a orar en algo que parecía ruso. Pensé: "¡Vaya! ¡Esto fue lo que pasó en Hechos 2! ¡Es esto! Ocurrirán cosas maravillosas esta noche".

Así que partí con algunos de los líderes, entramos en su dormitorio, tomamos Santiago 5 y lo recorrimos como si estuviésemos haciendo el servicio de un coche. Dijimos: "Ahora, lo primero es confesarse los pecados unos a otros". Así que me volví a Jimmy y dije: "Jimmy, nunca me agradaste". Eso es confesar pecados, ¿sabe? Y él dijo: "Bueno, es mutuo". Lo recorrimos todo y entonces dije: "En este momento te ungimos", y saqué el corcho de la botella y derramé todo el contenido sobre su cabello. Adivinen qué pasó. ¡Absolutamente nada! Me incorporé y dije: "Bueno, lo hemos hecho todo". Y me volví para escaparme. Llegué rápidamente a la puerta de la habitación y le dije: "¿Aún tienes tu pasaje de avión para mañana?". "Sí, por supuesto", contestó. Le dije que lo llevaría al aeropuerto, y luego salí corriendo. Lo último que quería hacer la mañana siguiente era comunicarme con él, así que no lo hice. Pero a las diez sonó el teléfono. "¡Jimmy! ¿Estás bien?" (¡falta de fe!). Dijo: "Estoy perfecto. ¿Puedes recogerme a las once?". Le dije que sí, y le pregunté si el médico le había dicho que podía ir. Dijo que había ido a verlo y le había dicho que podía viajar. Le pregunté qué había pasado. Me contó que en el medio de la noche era como si dos manos gigantes le hubieran estrujado el pecho, y eliminó dos recipientes de líquido. Podía respirar, y había ido a cortarse el cabello, pero el peluquero dijo que tendría que lavárselo primero, porque nunca había visto un cabello tan grasoso en su vida.

Lo llevé al aeropuerto. Ahora, le diré tres cosas. Primero, se convirtió en mi mejor amigo. Segundo, él y su esposa fueron bautizados en el Espíritu. Tercero, nunca volvió a tener ese problema. No es una obra del diablo, ¿no es cierto?

El domingo siguiente, volví a estar en el púlpito, con Juan 16 como mi texto. Di el mismo tipo de mensaje que había estado dando durante semanas. Un joven carpintero vino a verme después y preguntó: "¿Qué le ocurrió esta semana?". Le dije: "¿Por qué? ¿A qué te refieres?". Contestó: "Usted sabe de lo que está hablando ahora". Ese joven es ahora un pastor bautista en Bristol.

De ahí en adelante comencé a hacer cosas que nunca había hecho antes en mi vida. Los dones estaban disponibles. Pero mire, me alegro que fui bautizado en el Espíritu sin nadie más ahí, porque entonces sabía que había sido Jesús. Las personas piensan que deben encontrar a alguien lleno del Espíritu y se contagiarán de esa persona. ¡No! Nadie más puede bautizarlo en el Espíritu excepto Jesús. Él es la primera persona a la que acudir si quiere recibir el Espíritu Santo.

Estuve en Jerusalén un tiempo atrás. También estuve en Gaza, eludiendo misiles. Mientras estaba en Jerusalén, me topé con pastor Yun, el "hombre celestial", que escribió el libro de ese título. Todo cristiano necesita leer ese libro. Nunca volverá a quejarse después de leerlo. Este hombre fue torturado, sufrió choques eléctricos, le quebraron las piernas, pero salió caminando de la prisión al abrirse las puertas frente a él. Un hombre que estuvo 74 días sin comer ni beber nada, aún vivo y lleno del Señor. Pero no había leído su libro. Me daba vergüenza confesárselo cuando nos encontramos. Nos llevamos a las maravillas, pero no había leído su libro. Después de eso lo leí. Él escribió:

No estaba seguro de quién era el Espíritu Santo. [Era creyente, había leído la Biblia, la había memorizado.] *Corrí y le pregunté a mi madre. Ella no podía explicarlo. Dijo, simplemente: "Ya te dije todo lo que puedo recordar. ¿Por qué no oras y pides a Dios el Espíritu Santo, como oraste por tu Biblia?". Mi madre era analfabeta, así que tenía un conocimiento superficial de la Biblia. Había aprendido solo a recitar unos pocos versículos. Ése fue un momento definidor en mi vida. Tenía un deseo de la presencia y el poder de Dios, y ahora me daba cuenta de la importancia de conocer la Palabra escrita de Dios. Oré al Señor: "Necesito el poder del Espíritu Santo. Estoy dispuesto a ser tu testigo". Después de la oración, el Espíritu de gozo del Señor cayó sobre mí. Una profunda revelación del amor y la presencia de Dios inundó mi ser. Nunca había disfrutado de cantar antes, pero muchas nuevas canciones de adoración fluyeron de mis labios. Eran palabras que no había aprendido antes. Más tarde, las puse por escrito, y estas canciones aún son cantadas en las iglesias caseras chinas al día de hoy.*[3]

Canciones que nunca había aprendido, palabras que no había aprendido, salieron a raudales. Notará el lenguaje líquido: "inundó mi ser", "cayó sobre", "fluyeron". Ése fue su Pentecostés. Inmediatamente comenzó a ser guiado por el Espíritu Santo. Le decía dónde ir, con quién se encontraría el día siguiente, sus nombres y aun la ropa que usarían, para que pudiera reconocerlos. Estuvo viviendo en el Espíritu desde ese momento. Usted debe leer su historia. Tenía que hablar después que él habló a cinco mil cristianos de setenta y cuatro países, en Jerusalén, y pensé: "¿Qué puedo decir?". Así que me puse de pie y dije: "Ahora escucharán de este 'hombre terrenal'. Ése soy yo. Él es el hombre celestial". Ése fue el testimonio de ese hombre.

¿Cuáles son las condiciones para recibir el Espíritu Santo?
Entonces, finalmente, ¿cuáles son las condiciones? ¿Qué debe hacer para estar listo para recibir el Espíritu Santo y ser bautizado en ese maravilloso Espíritu?

Primero, hay *tres pasos básicos* que creo que deben tomarse. *Uno, arrepentirse de todos los pecados conocidos y arreglar lo que pueda arreglar. Dos, creer en el Señor Jesús como su Salvador y Señor. Tres, ser bautizado en agua.* Ésas son tres cosas básicas. Luego, el paso siguiente es muy sencillo. *Jesús dijo que siguiéramos pidiendo hasta que recibamos, que sigamos golpeando hasta que la puerta se abra. Que sigamos. Que sigamos pidiendo.* Hay personas que me han dicho: "Una vez pedí recibir el Espíritu Santo, y no ocurrió nada". ¿Solo pidió una vez? ¿En serio? Cuando mis hijos querían una bicicleta decían: "Papá, ¿puedo tener una bicicleta? Papá, ahorrarás pasajes en el autobús. Papá, todos los demás tienen bicicletas. Papá, Papá, Papá…" No pedían una vez, sino que seguían pidiendo hasta que lo recibían.

Tuvimos unos estudiantes en Guildford que se encerraron

en un dormitorio, cerraron la puerta con llave y dijeron: "Señor, no dejaremos esta habitación hasta que nos bautices en el Espíritu Santo". La mañana siguiente salieron, cambiados. ¿Realmente usted quiere esto más que cualquier otra cosa? Entonces seguirá pidiendo hasta recibirlo. El contexto de la afirmación anterior está en Lucas capítulo 11, de un hombre que siguió golpeando la puerta de un vecino hasta que obtuvo pan para sus visitantes. Jesús dijo que así debíamos orar. "Cuánto más el Padre celestial de ustedes dará el Espíritu Santo a quienes siguen pidiéndole". Pero agregaré *tres condiciones más* que son necesarias, debido a la situación de hoy.

Primero, usted necesita estudiar la Biblia y escudriñarla, pidiendo al Espíritu Santo que lo guíe hasta que esté completamente convencido, a partir de la Palabra de Dios, de que esta promesa es para usted y que Jesús quiere bautizarlo en el Espíritu Santo. No intente probar simplemente, sabiendo que hay diferentes puntos de vista en la iglesia. Usted debe tener su propia convicción, basada en la Palabra de Dios. No me interesan las personas que buscan experiencias por las experiencias mismas. ¿Quiere tener valentía, guía, poder, pureza y unidad? Ésas son las razones para pedir el Espíritu Santo, y no solo para tener una gran experiencia emocional. Y espere que ocurra lo que la Biblia menciona. La Biblia no habla de risas, bailes o caídas. Habla de explotar a través de la boca en alabanza a Dios. Así que tiene que tener una visión clara antes de pedir. Está reclamando una promesa y, si no está seguro de lo que es la promesa, difícilmente pueda reclamarla.

Segundo, estamos tan llenos de *inhibiciones y temores* hoy que tenemos que enfrentarlos primero. He conocido a personas que tiene miedo al ridículo, temerosas de lo que podrían hacer cuando entreguen el control al Espíritu, con temor de lo que dirá la gente si hablan en lenguas.

He conocido toda clase de inhibiciones y temores, y especialmente la reserva británica. Es diez veces más fácil hacer que alguien con un temperamento español sea lleno del Espíritu que una persona británica reservada, que se ha estado controlando tanto tiempo que se resiste a dejarse llevar.

Finalmente, en nuestra situación, *debemos estar dispuestos a ser guiados por el Espíritu después*, no importa a dónde conduzca, no importa el costo o la consecuencia. Un tiempo atrás vino un pastor y me pidió que orara para que fuera lleno del Espíritu Santo. Acepté, con la condición de que él, un pastor anglicano, estuviera dispuesto a ser bautizado por inmersión como creyente, si el Espíritu Santo se lo decía. Me preguntó por qué le había pedido eso. Dije que solo estaba tratando de averiguar si estaba dispuesto a ser guiado por el Espíritu después. Preguntó: "¿Me dirá eso el Espíritu Santo?". Le contesté: "Podría hacerlo o no. Creo que es probable que lo haga, pero ¿qué hará usted si se lo pide?". Dijo: "¿Puedo ir y pensarlo?". Volvió tres días después y dijo: "David, lo he pensado seriamente. Haré lo que el Espíritu me diga, no importa el costo". Oré, fue lleno, y se fue. No oí acerca de él durante doce años, y luego vi un titular en un periódico nacional: "Pastor y toda una iglesia echada de la Iglesia de Inglaterra por obispo". Le costó su pensión, su vicaría, su trabajo. Pero fue obediente al Espíritu Santo.

¿Desea usted solo la experiencia de ser bautizado en el Espíritu, o quiere caminar en el Espíritu después, y ser guiado por el Espíritu? Es una gran pregunta.

Bueno, he intentado enseñarle, de la Palabra de Dios. He compartido mi testimonio. No será exactamente igual para usted, pero la explosión de alabanza sí. Ahora debo dejárselo a usted . . . y a nuestro Señor Jesucristo.

ACERCA DE DAVID PAWSON

David es un orador y autor con una fidelidad intransigente a las Sagradas Escrituras, que trae claridad y un mensaje de urgencia a los cristianos para que descubran los tesoros ocultos en la Palabra de Dios.

Nació en Inglaterra en 1930, y comenzó su carrera con un título en Agricultura de la Universidad de Durham. Cuando Dios intervino y los llamó al ministerio, completó una maestría en Teología en la Universidad de Cambridge y sirvió como capellán en la Real Fuerza Aérea durante tres años. Pasó a pastorear varias iglesias, incluyendo Millmead Centre, en Guildford, que se convirtió en modelo para muchos líderes de iglesia del Reino Unido. En 1979 el Señor lo llevó a un ministerio internacional. Su actual ministerio itinerante está dirigido principalmente a líderes de iglesia. David y su esposa Enid viven actualmente en el condado de Hampshire, Inglaterra.

A lo largo de los años ha escrito una gran cantidad de libros, folletos y notas de lectura diarias. Sus extensas y muy accesibles reseñas de los libros de la Biblia han sido publicadas y grabadas en "*Unlocking the Bible*" (*Abramos la Biblia*). Se han distribuido millones de copias de sus enseñanzas en más de 120 países, proveyendo un sólido fundamento bíblico.

Es considerado como "el predicador occidental más influyente de China" a través de la transmisión de su exitosa serie "*Unlocking the Bible*" a cada provincia de China por Good TV. En el Reino Unido, las enseñanzas de David se transmiten habitualmente por Revelation TV.

Incontables creyentes de todo el mundo se han beneficiado también de su generosa decisión en 2011 de poner a disposición sin cargo su extensa biblioteca audiovisual de enseñanza en www.davidpawson.org. Hemos cargado también hace poco todos los videos de David a un canal dedicado en **www.youtube.com**

VEA EN YOUTUBE
www.youtube.com/user/DavidPawsonMinistry

LA SERIE EXPLICANDO
VERDADES BIBLICAS EXPLICADAS SENCILLAMENTE

Si usted ha sido bendecido al leer, ver o escuchar este libro, hay más disponibles en la serie. Por favor regístrese y descargue más libritos visitando **www.explicandoverdadesbiblicas.com**

Otros libritos en la serie *Explicando* incluirán:
La historia asombrosa de Jesús
La unción y la llenura del Espíritu Santo
La resurrección: *El corazón del cristianismo*
El estudio de la Biblia
El bautismo del Nuevo Testamento
Cómo estudiar un libro de la Biblia: Judas
Los pasos fundamentales para llegar a ser un cristiano
Lo que la Biblia dice sobre el dinero
Lo que la Biblia dice sobre el trabajo
Gracia: *¿Favor inmerecido, fuerza irresistible o perdón incondicional?*
¿Eternamente seguros?
Tres textos que suelen tomarse fuera de contexto:
Explicando la verdad y exponiendo el error
LaTrinidad
La verdad sobre la Navidad

Tambien nos encontramos en proceso de preparar y subir estos libritos que puedan ser comprados como copia impresa de:

www.amazon.co.uk o **www.thebookdepository.com**

ABRAMOS LA BIBLIA

Una reseña única del Antiguo y el Nuevo Testamento del internacionalmente aclamado orador y autor evangélico David Pawson. *Abramos la Biblia* abre la palabra de Dios de una forma fresca y poderosa. Pasando por alto los pequeños detalles de los estudios versículo por versículo, expone la historia épica de Dios y su pueblo en Israel. La cultura, el trasfondo histórico y las personas son presentados y aplicados al mundo moderno. Ocho volúmenes han sido reunidos en una guía compacta y fácil de usar que cubren el Antiguo y el Nuevo Testamento en una única edición gigante. El Antiguo Testamento: *Las instrucciones del fabricante* (Los cinco libros de la Ley), *Una tierra y un reino* (Josué, Jueces, Rut, 1-2 Samuel, 1-2 Reyes), *Poesías de adoración y sabiduría* (Salmos, Cantares, Proverbios, Eclesiastés), *Declinación y caída de un imperio* (Isaías, Jeremías y otros profetas), *La lucha por sobrevivir* (1-2 Crónicas y los profetas del exilio) – El Nuevo Testamento: *La bisagra de la historia* (Mateo, Marcos, Lucas, Juan y Hechos), *El decimotercer apóstol* (Pablo y sus cartas), *A la gloria por el sufrimiento* (Apocalipsis, Hebreos, las cartas de Santiago, Pedro y Judas).

JESÚS
LAS SIETE
MARAVILLAS
DE SU
HISTORIA

Este libro es el resultado de toda una vida de contar "la más grande historia jamás contada" por todo el mundo. David la volvió a narrar a varios cientos de jóvenes en Kansas City, EE.UU., que escucharon con un entusiasmo desinhibido, "twiteando" por Internet acerca de este "simpático caballero inglés" mientras hablaba.

Tomando la parte central del Credo de los Apóstoles como marco, David explica los hechos fundamentales acerca de Jesús en los que está basada la fe cristiana de una forma fresca y estimulante. Tanto los cristianos viejos como nuevos de beneficiarán de este llamado a "volver a los fundamentos", y encontrarán que se vuelven a enamorar de su Señor.

OTRAS ENSEÑANZAS
POR DAVID PAWSON

Para el listado más actualizado de los libros de David ir a: **www.davidpawsonbooks.com**

Para comprar las enseñanzas de David ir a: **www.davidpawson.com**

www.ingramcontent.com/pod-product-compliance
Lightning Source LLC
Chambersburg PA
CBHW071039080526
44587CB00015B/2684